هذه ثورتي

ممدوح الشيخ

الكتاب: هذه ثورتي

المؤلف: ممدوح الشيخ

هذا الكتاب

مادة هذا الكتاب كتبت أصلاً لتكون مقدمة لكتاب لم يقدر له الصدور هو "أسئلة ٢٥ يناير" وهو خلاصة مناقشات ندوة اقترحت تنظيمها في وكالة سفنكس للآداب والفنون بالقاهرة وانتهيت من تحرير مادتها في إبريل ٢٠١١ لكن تداعيات عديدة جعلت الأحداث تتجاوز الكتاب ومحتواه.

ولأن المقدمة المشار إليها تضمنت كتابات متعددة — وجهتها تحليلية في المقام الأول — واكبت بها الثورة فقد

رأيت جمعها في هذا الكتاب لما يمكن أن تقدمه للقاريء من إضاءات على جوانب من هذه الثورة، وبخاصة الفصل الأول من مسارها والكتابات التي يتألف منه الكتاب لم تخضع إلا لإعادة تحرير محدودة. وغني عن البيان أن هذه الثورة شهدت منعطفاً كبيراً بعد الثالث من يوليو ٢٠١٣ جعلته موضوع كتابي: "طريق مصر بعد ٣٠ يونيو"!

وللقاريء أقدم اجتهادي المتواضع.

<u>ممدوح الشيخ</u>

<u>مطلع إبريل ٢٠١٤.</u>

www.ingramcontent.com/pod-product-compliance
Lightning Source LLC
Chambersburg PA
CBHW070436290526
45791CB00005B/1995

أما قبل

◆
—

تحولات متلاحقة يشهدها العالم منذ العام ١٩٨٩ عندما انهار سور برلين مؤذناً في الاتحاد السوفيتي وحلف وارسو أصبحت التقارير الصحفية في وسائل الإعلام ليبدأ — بكل معنى الكلمة — فصل جديد من فصول تاريخ البشرية.

وكان العام ٢٠٠١ منعطفاً ثانياً في مسار تحولات بدا لفترة طويلة أن عالمنا العربي بمنأى عنها. لكن العقد الأول من القرن العشرين لم ينته إلا وقد انطلق قطار التحولات من تونس منتقلاً بسرعة غير متوقعة ليولد عالم عربي جديد لم تزل آلام مخاضه مستمرة.

ولأن الغرب لديه خبرات عميقة بالتحولات التاريخية الكبيرة وما تنطوي عليه من مخاطر، فقد كان طبيعياً أن يصبح "**الربيع العربي**" في قلب اهتمامات العواصم الغربية. وقد جاءت تداعيات عديدة لتجعل الاهتمام قلقاً حقيقياً، فالصعود الكبير للإسلاميين في دول الربيع العربي كان متوقعاً لكن الغرب لم يستطع — حتى الآن على الأقل — أن يتقبله. ومؤخراً ارتفعت حرارة القلق الغربي، وبخاصة الأوروبي من المخاطر التي يمكن أن ينطوي عليه الربيع العربي، في ضوء اغتيال السفير الأمريكي في ليبيا وما ترافق معه من تداعيات.

ويشهد الخطابان الإعلامي والتحليلي الغربيان طوفاناً من الأدبيات المتشائمة، إزاء مستقبل الربيع العربي. ومن الأدبيات المهمة التي تثير اهتماماً إعلامياً في هذا السياق، كتاب "**الصوت العربي الآخر**" للدبلوماسية الهولندية السابقة بيترا ستينن. وهي شغلت مناصب دبلوماسية في السفارات الهولندية في مصر وسوريا، وفي عام ٢٠٠٨ حقق كتابها "**الحلم بربيع عربي**" نجاحاً كبيراً في هولندا، حيث كان الكتاب بمترلة نبوءة بالزلزال الكبير. وفي كتابها الجديد تصف لقاءاتها مع نشطاء وفنانين ورجال أعمال وصحفيين يعملون على إحداث التغيير العميق من الداخل.

ومن الحقائق الجديرة بالتوقف ما أدلت به بيترا ستينن في حوار مع "**إذاعة هولندا العالـــمية**"(**أوروبا تفقد حماستها للربيع العربي – ٧/ ١/ ٢٠١٢**) عندما سئلت عن سبب إقدامها على تأليف الكتاب الجديد، إذ

قالت إن وسائل الإعلام الغربية يسودها في الشهور الماضية **"جو من الكآبة أو الوجوم عندما يتحدثون عن الثورات العربية"**. وتضيف الدبلوماسية الهولندية أنه لا شك في وجود بعض التطورات المقلقة، وأن وعود الثورات لم تتحقق بعد. مع ذلك، فهناك جيل جديد نشأ يريد التغيير ويقبل النقد الذاتي.

وتضع بيترا ستينن يدها على الجرح عندما تقول منتقدة الموقف الأوروبي من الديموقراطيات الناشئة: **"الديمقراطية تعني أن الناس لديها الحق بتقرير مستقبلها بالشكل الذي يلائمها. إذا صوت المصريون والتونسيون لأحزاب لا تروق لنا، علينا أن نقبل بذلك. وفي حديثنا مع الإسلاميين يجب أن نخاطبهم بلهجة اقل جموداً. لا يرغب الأوروبيون بالتحدث مع الإسلاميين إلا حول حقوق النساء والمثليين. دعونا نتجاهل البيكيني والكحول**

ولنطرح عليهم أسئلة مثل ما هو برنامجكم الاقتصادي؟ ماذا تتوقعون منا وكيف تريدون أن يكون شكل التعاون بيننا؟ بالطبع يجب أن تكون الحريات المدنية والشخصية والسياسية جزءاً من هذه المحادثات، إذ لا يمكن تحقيق النمو الاقتصادي إذا لم يكن الشعب خلاقا ومبتكراً".

والملفت أن ما تعتبره "جموداً" أوروبياً في التعامل مع الربيع العربي من حيث نوعية الأسئلة التي يتم طرحها عليهم تنطوي على تشابه جدير بالتوقف مع سلوك شرائح واسعة من النخبة العلمانية المصرية، مثلاً، في تعاملها مع صعود الإسلاميين، والمثير أكثر أن الأسئلة نفسها التي تنتقد بيترا ستينن إصرار الغربيين على التركيز عليها هي نفسها الأسئلة التي ما زال كثير من العلمانيين المصريين يركز عليها!!

والكاتبة الهولندية التي كانت تملك قبل سنوات الحدس الصائب فتوقعت زلزالاً سياسياً فشل كثير من

الموصوفين بــــــ "الـــخبراء الاستراتيجيين" في التنبؤ به، لا لفقر في المعلومات بل لأنهم كانوا أسرى أوهامهم، ومن كهوف الأوهام ما زالت الأسئلة عن البيكيني والخمر وزواج المثليين تطفو على سطح بحيرة ممارسة سياسية شديدة الركود بعد ثورة مجيدة.

ثورة ٢٥ يناير

مقدمات ووقائع وملاحظات

١

ــــ

هي ثمانية عشر يوماً بدأت بانطلاق مظاهرة الخامس
والعشرين من يناير حتى إعلان سقوط نظام مبارك، لكن ما
حدث خلالها ربما يحتاج إلى آلاف الصفحات للوصف
والتحليل. والبداية كانت من ظهور حركات سياسية مصرية
في العالم "**الافتراضي**" أطلقها الفراغ السياسي في عالم

13

"**الواقع**"، فكانت شبكات التواصل الاجتماعي، وبخاصة الفيسبوك، نقلة نوعية تاريخية في مسار الممارسة السياسية، حيث لا موافقات أمنية ولا تكاليف مالية باهظة ولا تراخيص تمنح — أو تمنع — من لجنة شئون الأحزاب، بل عالم من الكلمات تصنع فيه الثورة بكبسة زر!

والفضاء الجديد اجتذب أبطاله الجدد وهناك ولد وائل غنيم. هذا الشاب الخجول القادم من عالم المعلوماتية بروح جديدة مغايرة تماما للروح التي حكمت العمل السياسي خلال العقود القليلة الماضية، وأهم ما في شخصه من سمات غابت عن الكثير من محترفي العمل السياسي في عالم الواقع اثنتان، فهو خجول وشجاع!

أنشأ وائل غنيم صفحة على الفيسبوك عنوانها "**كلنا خالد سعيد**" سرعان ما أصبحت عنوان مرحلة، فهذا الشاب السكندري الذي لقي مصرعه تحت التعذيب على يد

رجال شرطة تحول لرمز للنتائج الكارثية للعنف الأمني. ومثل وجود الدكتور محمد البرادعي الرئيس السابق للوكالة الدولية للطاقة الذرية أحد ركائز التركيبة السياسية الجديدة، ومظلة معنوية لهذا الجيل الجديد من السياسيين الشباب. فالرجل — كما صرح هو نفسه ذات مرة — أراد الاستفادة من الحصانة المعنوية التي منحها له منصبه الدولي السابق وحصوله على جائزة نوبل للسلام لأجل المساهمة في تغيير ديموقراطي في مصر، وهو اختيار أظهر الفرق الكبير بينه وبين الدكتور أحمد زويل الحاصل على جائزة نوبل في الفيزياء، وهو اختار أن يحافظ على علاقة جيدة بالنظام حتى بداية الثورة!

وقد بدأت الثورة بمظاهرة دعا إليها وائل غنيم في يوم الاحتفال بعيد الشرطة (٢٥ يناير) ليكون رسالة احتجاج شديدة الذكاء على ممارسات جهاز بلغ استخدامه العنف حد الهوس. وقد رأيت وزير الداخلية السابق حبيب العادلي على شاشة التلفزيون المصري قبل ساعات من

التظاهرة يتحدث بحنق ظاهر لأن المحتجين اختاروا يوم عرس الشرطة ليحتجوا، و لم يتخيل أحد أن تصبح الشرارة نارا تحرق أكبر الأنظمة السياسية في المنطقة، وإن كان عدد المستجيبين حسب الموقع قد بلغ ٨٥ ألفاً، وهو رقم كبير جدا في بلد ماتت فيه السياسية إكلينيكياً لعدة عقود.

وقبل أن يندمل جرح الثلاثاء كان طيف من الحركات الاحتجاجية يشاركون وائل غنيم في الإعداد لجمعة الغضب (٢٨ يناير) التي وجهت الضربة القاضية لنظام مبارك. وباستثناء التمثيل المحدود لبعض شباب الإخوان بصفتهم الشخصية كانت الحركة كلها من الشباب الذي أسقط المعارضة قبل أن يسقط النظام مؤسساً نوعاً جديداً من الممارسة السياسية غير مسبوق.

وقد كان سفك الدم الخط الأحمر الذي لم يكن من سبيل بعده للتراجع عن الوصول إلى الحد الأقصى من

التصعيد، وكانت مدينة "**السويس**" العنوان الأبرز. والذي يلفت النظر بشدة أن الثورة بدأت وانتهت في المدن الكبرى: القاهرة، الإسكندرية، السويس، المنصورة، طنطا، أسيوط....ما أكد حقيقة طالما أشارت إليها العلوم الإنسانية وهي أن المدن هي المحضن الحقيقي لدعوات التغيير الديموقراطي فيما القرى — والمدن الصغيرة ذات المزاج الريفي — المحضن الرئيس للثقافة المحافظة الرافضة للتغيير، وفيها كان هناك إحجام بل أحياناً رفض متفاوت الحدة لدعوة الثورة.

وقد كان من الحقائق المثيرة في الثورة المصرية أنه بينما كانت المدينة تثور وتقدم الشهداء لأجل تغيير ديموقراطي شامل، كانت القرية تستثمر الغياب الأمني الذي حدث بدءاً من "**جـــمعة الغضب**" في البناء على الأراضي الزراعية بالمخالفة للقانون ويقدر ما خسرته مصر خلال أيام الثورة ثلاثين ألف فدان من أخصب أراضيها الزراعية!

17

وقد ساهمت عوامل غير مخططة في دفع الثورة لمحطتها الأخيرة بشكل يجعل المرء يتساءل عن دور **"الإرادي"** و**"اللاإرادي"** في صنع التاريخ، فقرار وزير الداخلية بسحب قواته هو ما مكن الثائرين من احتلال ميدان التحرير، وربما لو لم يحدث لما أصبح هناك **"مركز الثورة"** الدائم، الذي بدأ يأخذ الحركة في اتجاه جديد. ولولا الهجوم الذي قام به **"البلطجية"** ضد الثائرين بعد دقائق من انتهاء الخطاب الأول للرئيس السابق لكان غير قليل من الثائرين عادوا إلى بيوتهم. ولولا التردد في الاعتراف بالأخطاء والاعتذار لأسر الشهداء والإعلان عن بدء قدر كاف من الإصلاحات لكان كل الثائرين قد عادوا إلى بيوتهم.

لقد ثارت **"الـــمدينة"** ونجحت في تغيير تاريخ مصر سلميا بــ **"كبسة زر"**!

٢

كنت في العاصمة اللبنانية بيروت في الفصل الأخـــير من الثورة التونسية، ورغم أنها كانت ليلة مثيرة لبنانيا بسبب بث اللقاء الشهير بين سعد الحريري والشاهد اللبناني المـــثير

للجدل زهير الصديق، لكن ما إن انتهى الفيلم حتى كانت أسئلة مثقفين لبنانيين وعراقيين تعكس اهتماماً شـــديداً بمناقشتي في احتمال أن تنتقل عدوى تونس إلى مصر.

كان المشهد مغريا بالتأمل فالنظام التونسي كان أحد الأنظمة العربية إحكاماً – أو هكذا كان يبدو – وكانـــت وثائق ويكيليكس في قلب المشهد ومعها مواقـــع التواصـــل الاجتماعي التي لعبت دورا كبيرا في توفير فضاء حر بعد أن صادرت الدولة التونسية من مواطنيها كل شيء حتى القدرة على الحلم .

لكن من حرموا الحلم لم يستطع أحـــد أن يسـلبهم القدرة على الانتحار احتجاجا ..بالنار !

وقد كان للمشهد ثمرتان: الأولى قناعة جديدة بـــأن مسار الفعل السياسي أصبح له قانون جديـــد، ولأن هـــذا

القانون ولد من رحم الواقع و لم يفترضه أحد مسبقا ويسعى لتحويله إلى واقع؛ فإنه ظل قادرا على أن يدهشنا.

لكن مصر أيضاً كان فيها شيء جديد رسمت ملامحه الحركات السياسية الجديدة التي حركت الملايين بينما قياداتها لا تحظى بأي درجة من الشهرة. والحركات السياسية الجديدة هربت من قيود "**الحقيقي**" إلى فضاء "**الافتراضي**" حيث الثورة أيضاً يمكن إشعالها بكبسة زر.

حدث هذا بينما السياسيون التقليديون — تقريبا مثل النظام — يعيشون بالإيقاع القديم ويتشاجرون على موقع في برلمان لا قيمة له في الحقيقة. وعندما قرر النظام متأثرا بصعود الجمهوريين في انتخابات التجديد النصفي للكونجرس الأمريكي في نوفمبر، أن يستبعد كل المعارضة — المستأنسة وغير المستأنسة — من البرلمان الجديد بالتزوير المذهل، كان بذلك يصنع بيديه جبهة الغاضبين عليه.

لقد كان الخيار الوحيد أمام المعارضة "**الرسـمية**" وغير الرسمية أن تبدأ التصعيد وهي مطمئنة أن النظام سوف يحتاج إليها بعد أشهر قليلـة، حيـث لا معـنى لأن تـتم الانتخابات الرسمية دون معارضين يجعلونها تبدو أمام العـالم "**تعددية**". وهكذا بدأت الغيوم تتجمع، وقد كانت تلـك الخطيئة الأولى للنظام التي جعلته يبدو مقبلاً على معركة تمرير التوريث مع قلق شديد من عودة الجمهـوريين للكـونغرس ليعيدوا شبح سنوات صعبة في العلاقات المصرية الأمريكيـة خلال حكم جورج بوش الابن الذي طالما دعا مبارك بشكل لا مواربة فيه إلى إصلاح ديموقراطي.

وبالنسبة للمصريين كانت ثورة تونس تحدياً حقيقياً للكرامة، فاندلعت موجة من محاولات الانتحار حرقاً وسط تأكيدات بأن مصر ليست تونس وأنها "**مستقرة**"، وقد ظهر المؤشر الأخطر على غياب النظام وفقدانه الإحساس بالواقع،

مخموراً بالسلطة المطلقة، عندما قال إن حـوادث الانتحار حرقاً "ابتزاز سياسي"!

وسريعاً، بدأت الدعوة في موقع فيسبوك الاجتماعي من مجموعة "**كلنا خالد سعيد**"، وهو مواطن قتـل تحـت التعذيب على يد الشرطة وتحول إلى رمز لتجاوزات الشرطة بحق المواطنين. والدعوة كان عنوانها "**يوم الثـورة علـى التعذيب والفقر والفساد والبطالة**". أما الموعـد فكـان رسالة أبعد مدى للداخلية المصرية التي تحتفل بعيدها السنوي فيه يوم ٢٥ يناير، وقد انتهى إلى الأبد المغزى القـديم لهـذا اليوم ليصبح رمز الثورة على الشرطة.

وبسبب الجمود السياسي الذي تشهده مصر كـان لدى الأجهزة الأمنية تقدير كان يبدو صائبا إلى حد بعيـد، هو أن المظاهرة ستكون محدودة. وقد كانت مطالبها خليطا من المطالب الحياتية والسياسية. وفي الوقت نفسـه قامـت

حركة شباب ٦ إبريل بتوجيه الدعوة إلى هذه التظاهرات قبل أن تنضم إليها قوى سياسية أخرى، في مقدمتها "**حركة كفاية**" وأحزاب: الوفد والجبهة الديموقراطي، والغد والعمل والكرامة والوسط. وحسب "**مجلة تايم**" فإن أكثر من ثمانين ألفا أكدوا خروجهم في المظاهرة.

وكما هو معتاد فقد لجأت الدولة إلى ترهيب الجماعة المعارضة الأكبر: الإخوان المسلمون الذين أشاروا إلى تحذير السلطات المصرية لمسؤوليها بالمحافظات وتهديدهم بالبطش والاعتقال والمواجهة العنيفة في حالة التزول.

وقد شاركت حركة كفاية التي أنشئت عام ٢٠٠٥ في المظاهرات وعددت مطالبها من إنهاء الحكم الحالي وخلع مبارك ونظامه وحل المجالس النيابية المزورة وإفساح المجال لحكم انتقالي برئاسة جديدة وحكومة ائتلاف وطني جامع. هذا فضلا عن إنهاء حالة الطوارئ وحل جهاز مباحث أمن

الدولة وإطلاق حريات الصحافة وتكوين الأحزاب والنقابات والجمعيات، وكفالة حريات الاجتماع والتظاهر والاعتصام والإضراب السلمي، واستقلال القضاء، واستعادة إشرافه على الانتحابات.

بدأ يوم الغضب الأول صباح الثلاثاء ٢٥ يناير، في أغلب الشوارع الرئيسة والميادين العامة في القاهرة والمحافظات، وأخفقت قوات الأمن في السيطرة على المتظاهرين في أغلب الأحيان. رغم أنها فرضت مبكراً إجراءات أمنية غير اعتيادية في الشوارع والميادين الرئيسة تضمنت نشر عشرات الآلاف من رجال الشرطة في وسط القاهرة. واتسعت الخريطة لتشمل الإسكندرية ودمياط والمنصورة والسويس. وعلى الانترنت تواصل الغضب وكانت صلاة الجمعة الفرصة الأكثر ملاءمة لحشد مليوني، ودارت المعركة أمام الكاميرات، حتى نجح المتظاهرون في

هزيمة أجهزة الأمن بالضربة القاضية لتختفي الجموع الحاشدة وتبدأ ثورة لم تزل فصولها تتوالى.

وقد كانت اللحظة التي ظهرت فيها المـدرعـات في شوارع وسط المدينة إيذانا بوصول الثورة ذروتها، وفـرض حظر التجول جزئيا، بينما مصر كلها تدخل حالة عزلة عن العالم تشبه "**الستار الـحديدي**" الذي فرضـــه الاتحـــاد السوفيتي على شعوب شرق أوروبا، تم قطع الاتصال بشبكة الانترنت وتعطيل خدمات الهاتف الجوال جزئياً.

وكان سقوط قتلى علامة الوصول إلى نقطة اللاعودة فانفجر غضب عارم مزلزل أحرق فيه الغاضبون ما اعتـــبروه أهم رموز القمـــع: "**الـحزب الوطني الديـــموقراطي الـــحاكم**" و"**الـمقار الأمنيـــة**" وتـــحــوَّل "**ميـدان التحرير**" إلى مركز للثورة وأصبح الشعار المرفوع: "**الشعب يريد إسقاط النظام**". وفجأة أصبح الجميع أمـــام خيـــار

حدي: "**أكون أو لا أكون**"، وبخاصة أن إخفــاق الثــورة كان يعني: "**الانتقام**".

وفجأة أصبحت مصر بموقعها وأهميتها الإقليميــة في مهب الريح. ومع توالي أخطاء النظام في معالجة الأزمة ومع اعتماده لعبة الرهان على الوقت؛ زاد الأمر سوءاً حتى تحول الشعار إلى مطلب دولي: "**التنحي**". أما المتظاهرون فأصبح لهم مركز قيادة، وأصبح هناك في كل المدن الكبرى في شمال مصر مظاهرات ضخمة وأصبح السيناريو كابوسياً. انكســر حاجز الخوف ولحقت الحركـــات السياسـية والأحـــزاب بالمشهد والشباب مجهولو الأسماء في المقدمة.

ومن المطالبة إلى البحث عن وسائل لتنفيذ المطالبة بدأ النظام يتحول إلى الدفاع، وكان قرار تعيين الــوزير عمــر سليمان — مدير المخابرات العامة — نائباً لرئيس الجمهورية والفريق أحمد شفيق رئيساً للوزراء إيذاناً بنشوء بنية جديـــدة

للسلطة عمادها الجيش والرئيس، بعد انهيار الدولة الأمنية.

وخلال أيام كان قلب القاهرة ميدان صراع سياسي ضارٍ وأحياناً كان الصراع يتحول إلى صراع شبه عسكري استخدم فيه مجرمون محترفون – بلطجية – وظهرت ميليشيات مسلحة تهاجم الإعلاميين والمتظاهرين، وهي ميليشيات كشف الكاتب المعروف محمد حسنين هيكل عن أنها تنظيم سري لا يتبع وزارة الداخلية!

وفي المسافة الفاصلة بين المفهوم القديم لسيادة الدولة والواقع الدولي الجديد الذي لم يستوعبه نظام مبارك وجد الرجل نفسه بعد ثلاثين عاماً من حكم واحدة من أهم دول العالم محاصرا بانتقادات حادة وتهديدات بعقوبات ومطالبات بالتنحي، وفي كل مرة كان مبارك يتأخر في التحرك نحو قدر مناسب من الانفتاح الديموقراطي، كانت الأزمة تحتدم حتى ذهب أحد أكبر قادة القوات المسلحة إلى ميدان التحرير

ليقنع المحتجين بالعودة إلى منازلهم ليردوا عليه قبل أن يكمل كلمته بالعامية "مش هانـــمشي هو يـــمشي".

وجاء التحول الكبير في الشارع بالكشف عن الثروة الشخصية لعائلة الرئيس وقدرت بما يتراوح بـــين ٤٠ و ٧٠ مليار دولار بينما يعاني ما يقرب من نصف شـــعبه الفقـــر، فضلاً عن ملايين العاطلين. وهكذا بدأ الغرب لعبـــة خنـــق الحليف المتشــبث بالسلطة دون "تـــدخل في الشـــئون الداخلية"، وأصبحت صورة الرئيس أمام شعبه في وضـــع شديد الصعوبة.

وبينما كان النظام يبدو موشكاً على الغرق كانـــت جماعة الإخوان المسلمين تبدو كــ "مارد" أخرج من القمقم وتموضع في قلب المشهد السياسي بعـــد أن بقيـــت لعقـــود توصف بـ "الـــجماعة الـــمحظورة"!

ومقابل تفاوت في درجة الخوف في العواصم الغربية من وجودها في المشهد السياسي أصبحت حركة الإخوان في قلب الحركة الوطنية بينما خصومها التقليديون من بقايا اليسار المتشدد أقرب إلى النظام، مرددين الخطاب الغربي نفسه عن خطر الأصولية.

وفي النهاية أسدل الستار على حكم مبارك.

٣

هل هي ثورة المسجد والجمعة؟(¹)

أسقطت الثورة المصرية بنجاحها أوهاما عديدة لا
تقل أهمية عن إسقاط نظام حسني مبارك، فخلال سنوات
حكمه الثلاثين كان نظام مبارك — وبخاصة منذ بداية
التسعينات — يولي أهمية استثنائية لتجفيف منابع التدين في

(¹) كان كاتب هذه السطور أول من أشار للظاهرة قبــل أن تصــبح
مدخلاً يشار إليه بشكل شبه دائم كمدخل لفهم ثورة الخامس والعشرين من يناير،
ويمكن الرجوع إلى:

* مركزية الجمعة ورمزية المسجد في الثورة المصرية – ممدوح الشيخ – الموقع
الإليكتروني للمركز العربي للدراسات والأبحاث بقطــر – www.arabicenter.net –
٥ مارس ٢٠١١.

* هيبة الجمعة – جميل الذيابي – جريدة الحيــاة اللندنيــة – ١٤ مـــارس
٢٠١١.

* الزعماء العرب مصابون برهاب يوم الجمعة الذي بات يوما للتعبئــة
والتظاهرات – جريدة الهدهد الإليكترونيــة http://www.hdhod.com – ٣١
مارس ٢٠١١.

المجتمع تحت زعم **"مكافحة الإرهاب"**. ولعل من المهم هنا الإشارة إلى أن وزير الخارجية المصري السابق عمرو موسى الذي يتبرأ الآن من نظام مبارك طامعاً في القفز على الثورة المصرية متطلعاً لمنصب الرئيس، كان مهندس **"ديبلوماسية مكافحة الإرهاب"** التي ساهمت بقوة في تكريس أجواء الإسلاموفوبيا في الغرب.

وهذه الديبلوماسية — للأسف الشديد — قدمت الكثير جداً من الشواهد التي ظلت لسنوات تالية سلاحا في يد دوائر بعينها — إعلامية وسياسية — في الغرب تستخدمها لتخويف الغربيين حكاماً ومحكومين من مخاطر زوال الأنظمة الاستبدادية جنوب المتوسط، حيث المفاضلة هي بين الاستبداد والفوضى.

وقد كان مفهوما أن يؤدي الإلحاح على هذه الأكذوبة إلى أن يتحسس صانع القرار الغربي **"مسدسه"**

32

كلما سمع كلمة "**إسلام**"، وأن يصبح حصول شعوب العربية على الحرية خطاً أحمر. ولعقود متتالية كان "**الـــممنوع**" يتحول إلى "**مستهدف**" بحيث تحول حضور الدين في الشأن العام: السياسي والثقافي والاجتماعي من خيار غير مرغوب فيه من الأفضل تجنبه إلى "**ثـــمرة مـــحرمة**" يجب استئصالها، إن أمكن!!

وكان في مقدمة الإجراءات التي اتخذتها الأنظمة القمعية العربية، وفي مقدمتها نظام حسني مبارك البائد، إجراءات نفذت بقسوة بالغة ودهاء شديد لأجل تحييد المسجد وتمني "**تـــجميده**" بحيث لا يكون منبعا لفعل إيجابي أياً كان، وإفراغ دوره من كل علامات الحياة، وما لك يدركه الطغاة أن هذ الإجراءات متعارضة مع منطق التاريخ ومع مقتضيات الفطرة في آن واحد.

فالمسجد — منذ أسس الرسول دولة الإسلام في المدينة المنورة — هو محور حياة المسلمين وتأسيسه في المدينة كان إعلاناً عن أنه مركز الدائرة، وقطب الرحى وقلب المنظومة. فكان طوال العهدين النبوي والراشدي المكان الطبيعي للقاء المسلمين، ومعهد العلم، وفيه كانت تعقد الاجتماعات، وتبرم المعاهدات، وفيه يجتمع المسلمون للشورى ومنه تنطلق الجيوش.

وقد استمر المسجد في التطور والنمو جيلاً بعد جيل، لتصبح بعض المساجد الكبرى جامعات بالمعنى الحرفي للكلمة، مثل جامع عمرو بن العاص، قلب الفسطاط الفكري، ومهد الحركة العلمية في مصر، وكان يشهد مئات الزوايا العلمية، والجامع الأموي في دمشق، وجامع المنصور في بغداد، وجامع القرويين في فاس بالمغرب الذي امتاز بالنظام التعليمي الجامعي وطرق التدريس فيه.

ومن هنا جاءت مركزية المسجد وبخاصة صلاة الجمعة. فصلاة الجمعة لم تكن مجرد أداء جماعي لفرض تعبدي بل كانت مؤتمراً للمسلمين. أما الخطبة فكانت فرصة لمناقشة أمور المسلمين، ومن هنا أصبحت صلاة الجمعة ساحة تتلاقى فيها قلوب المسلمين على ما ينفع الأمة ويصلح الناس. وهي فضلا عن ذلك تعبير عن التوازن الذي أقامه الإسلام بين الدين والدنيا وبين الفردية والجماعية، فصلاة الجمعة كانت دائما مناسبة لتلتقي الجماعة المسلمة وتستمع معا إلى ما يؤكد الرابطة التي ينشئها الإيمان بين أبنائها، صفاً واحداً وراء إمام واحد يستمعون منه إلى خطبة تؤكد "الــــمشترك"، عقائدياً كان هذا المشترك أو أخلاقياً أو تعبدياً. وفي العمارة الإسلامية كان المسجد قلب المدينة بالضبط كما هي الصلاة بين فروض الإسلام.

ولقرون كان للمساجد دور رئيس لم تنافسه فيه منشأة أخرى على توجيه الأمة نحو ما يعكس وحدها ويقوي عزمها في آن واحد. وحدث هذا مرة ومرات من إرساء تقليد أخذ البيعة العامة لأمير المؤمنين في المسجد النبوي في المدينة، إلى انطلاق دعوات الجهاد ضد الغزاة من ابن تيمية والعز بن عبد السلام والقاضي الفاضل عبد الرحيم البيساني في مواجهة التتار والصليبيين، إلى زعماء ثورتي القاهرة الأولى والثانية خلال الحملة الفرنسية على مصر (١٧٩٨ — ١٨٠١).

ومنذ أنشأ محمد علي باشا الدولة المركزية الحديثة في مصر على النمط الأوروبي (بدءاً من ١٨٠٥) والشأن العام كله يتعرض لضغوط كبيرة ليغادر رحابة المسجد إلى ضيق جهاز الدولة، حيث أصبحت السياسة حبيسة القصور، وانزوت الثقافة مكبلة في المؤسسات الرسمية، أما التعليم فحبس في المدارس الرسمية و......

ومنذ انقلاب ١٩٥٢ أضيف تحول وحيد على المشهد هو انتقال المتدينين إلى المعتقلات!.

وقد بدأت وقائع الثورة المصرية بمظاهرة حاشدة شارك فيها عشرات الآلاف يوم الثلاثاء الخامس والعشرين من يناير، وبانتهائها رفع شعار يدعو لجعل الجمعة التالية (٢٨ يناير) "جــمعة الغضب"، وفيها خرج حسب إحصاءات وسائل إعلام غربية ثمانية ملايين. وحتى بعد تنحية حسني مبارك والإعلان الرسمي عن سقوط نظامه بقي الجمعة يوم المظاهرات المليونية إما للاحتفال بانتصار الثورة أو لمواصلة الضغط لتنفيذ مطالبها.

ومنذ "جــمعة الغضب" وصلاة الجمعة تلعب دورا يبلغ الغاية في الأهمية في الثورة، في تأكيد عملي لحقائق عدة، أولها: أن صلاة الجمعة مؤتمر يؤلف القلوب لا مجرد شعيرة دينية تؤدى دون تدبر مع بقاء من يؤديها معزولا عن أمته

وهمومها. ثانيها: أن محاولات "**طرد**" الإسلام من ساحة الحياة العامة بمعناها الواسع: السياسي والثقافي والاجتماعي قد فشلت رغم كل ما قدم لتنفيذها من إمكانات مالية وأمنية، وكل ما ارتكب من جرائم، و.....

فعند أول اختبار حقيقي للوعي الثوري المصري لا تمسك بزمام الفعل الثوري فيه الأقلية العلمانية المتغربة المغتربة عن الانتماء الحقيقي للأمة، كان المسجد وصلاة الجمعة النواة الصلبة التي يمكن جمع الملايين حولها من "**جـــمعة الغضب**" إلى "**جـــمعة التمكين**". والتجربة أثبتت أن الجمعة قد أصبحت رمزاً للتلاقي بين الفرقاء ممن تفرقهم الانتماءات السياسية والأيديولوجية، دون أن يشعر مسلم بــ "**الاستئثار**" بالثورة، ودون أن يشعر مسيحي بــ "**الاستبعاد**" منها. وهذه الحقيقة بوجه خاص أكدت الدلالة الحضارية لمكانة يوم الجمعة في وجدان المجتمع المصري كله.

ورغم المكانة الاستثنائية التي كانت لميدان التحرير بقلب القاهرة طوال فترة الثورة فإن المشهد الثوري في أسابيعه المتتالية عكس حقيقتين، الأولى: أن مساجد بعينها كانت نقطة انطلاق الحشود الأكبر والأكثر تأثيراً (كمسجد الجمعية الشرعية بميدان الجيزة ومسجد القائد إبراهيم بالإسكندرية)، والثانية: أن الطاقة الإيمانية لصلاة الجمعة كانت رصيداً معنوياً كبيراً للثائرين الذين كانوا يستشعرون صلة بالله تمدهم بالثقة والشجاعة، وقدراً من الحشد الجماهيري يساهم في إزالة الإحساس بالرهبة من جموع الأجهزة الأمنية التي تجاوز عدد جنودها المليون.

ومع استمرار الطابع السلمي للثورة المصرية تحت وطأة القتل العمد بالرصاص الحي والعدوان الوحشي بالقنابل المسيلة للدموع والرصاص المطاطي، وفي مرحلة تالية قنابل المولوتوف وأسلحة البلطجية من سيوف وما شابهها، هدمت

إلى غير رجعة دعائم "خرافة الــجموع المــسلمة الــهائجة"، وهي صورة نمطية روج لها الإعلام الغربي طويلاً كوحش مخيف يمكن، إذا انطلق من قمقمه وفكت قيود القمع التي تكبله، أن يحرق الأخضر واليابس، وأن يقوض الحضارة.

فخلال الثورة كانت مشاهد الجموع وهي تؤدي الصلاة في خشوع وتخرج منها لتواصل احتجاجها السلمي بتحضر شديد، تأكيدا عمليا لحقيقة أن الإسلاموفوبيا كانت بضاعة أقليات علمانية متشددة في الغرب وفي العالم الإسلامي لتبرير حرمان المسلمين من حرياتهم الأساسية التي تكفلها لهم كل المرجعيات السياسية والقانونية العالمية.

وفي اللحظة التي تحولت فيها المساجد إلى نقطة انطلاق وصلاة الجمعة إلى لحظة ميلاد للفعاليات الأكثر ضخامة وتأثيرا في الثورة المصرية سقطت أسوار التحريض

العلماني على الدين والتدين والمتدينين فكت أغلاله من الأيدي بعد عقود من العدوان المنظم ومحاولات الاجتثاث المنهجي، وقد كانت "**ديبلوماسية مكافحة الإرهاب**" التي دشنها وزير الخارجية السابق عمرو موسى بعض أكثر فصولها سوءاً. صحيح أن الخطاب الديبلوماسي هو بالأساس رسالة موجهة إلى "**الــخارج**"، لكنها كانت مؤشراً على الوجه السائد في "**الداخل**" إزاء التدين والمتدينين.

وهذه الديبلوماسية، فضلاً عن ذلك، أسست بقوة لفكرة أن مما يهدد مصالح الغرب وأمنه أن يطالب النظم العربية القمعية بالتحول الديمقراطي، وبالتالي شعرت هذه الأنظمة القمعية أنها ستبقى في مأمن من الغضب الغربي مهما فعلت بمعارضيها، فإذا كانت إحدى أهم خلاصات "**ديبلوماسية مكافحة الإرهاب**" أن كل توسيع للهامش الديموقراطي الضئيل في العالم العربي سيتمدد التطرف الديني

(حسب المفهوم الغربي طبعاً) لكي يملأه فإن "**الاستقرار**" تكون له الأولوية على "**الــحرية**"، .. .. وهكذا دارت ماكينة القمع.

وعلى أطلال نظام مبارك الاستبدادي وأكاذيبه السياسية والديبلوماسية عاد المسجد ليحتل قلب المشهد السياسي وعادت الصلاة وبخاصة صلاة الجمعة لتقوم بدورها الذي كانت تقوم به في أزهى عصور التاريخ الإسلامي قلباً نابضاً ومركزاً تدور حوله الأمة ومنه تنطلق نحو المستقبل متصالحة مع عقيدتها وتاريخها.

٤

اعتاد معظم المثقفين العرب النظر إلى الأحاديث المرسلة التي تنطوي على وقائع غير مألوفة وأرقام ضخمة بكثير من الاستخفاف داعين للتفرقة بين التحليل الواقعي و**"أحاديث الـــمقاهي"**، لكن ما تشهده مصر من وقائع تتكشف بعد زوال نظام مبارك ربما يعني من زاوية تحليل ما أن الغرائبية السياسية كسبت الجولة بالضربة القاضية، وأنها يجب إعادة النظر لها بشكل أكثر روية.

وأول ما صدم المصريين بقوة كان رقم ثروة عائلة الرئيس حسني مبارك، صحيح أن الأرقام تفاوتت بين التقدير الأول (ما بين ٤٠ و ٧٠ مليار دولار) وبين رقم متواضع جداً أعلن بعد تنحي مبارك هو ٢ إلى ٣ مليار دولار، لكن ما تكشف في فساد مالي في الدائرة المحيطة بالنظام جعل التقدير الأقرب للتصديق هو الأول على ضخامته الصادمة.

ومع الكشف عن دور وزير الداخلية السابق الذي جرى توقيفه مؤخراً اللواء حبيب العادلي في الهجوم الذي روع مصر كلها على كنيسة القديسين بالإسكندرية، جعل المزاج السياسي المصري أكثر ميلاً لتصديق ما كان ينظر إليه وصفه مبالغات مصدرها **"حواديت الـــمقاهي"**. وللوزير الفرنسي السابق برنار كوشنير عبارة موحية قالها تعليقاً على **"الـــهولوكوست الرواندي"** الذي قتل فيه مليون من المدنيين خلال مائة يوم عام ١٩٩٤، يقول كوشنير: **"إنني لم**

أفهم الهولوكوست النازي إلا بعد أن رأيت الهولوكوست الرواندي"!

أي أن الوقائع أحياناً لا تخفض سقف الخيال السياسي بل ترفعه!

ومن المصادفات الغريبة أنه بينما كان المصريون منقسمين بين مشارك في "**جـــمعة الغضب**" ومتابع لها على شاشات الفضائيات مدفوعين بأسباب كثيرة للغضب في مقدمتها الفساد المالي للنظام السابق، كانت الهند تعيش تحت وقع صدمة الكشف عن الثروات غير الشرعية التي يملكها هنود في الخارج.

والرقم الذي كشف عنه هو واحد ونصف تريليون دولار أي ما يعد أكبر من إجمالي الناتج المحلي بمقدار واحد ونصف. وتتعرض الحومة الهندية لضغوط داخلية قوية

لاستعادة هذه الأموال، وطبعا يوجد القسم الأكبر في سويسرا!

وقدم غوبال سوبرامنيام، مساعد المدعي العام، ملفا مغلقا يحتوي على ١٦ اسماً لأفراد وشركات لديها حسابات في مصرف في ليختنشتاين الأوروبية. وحسب قاضيين اشتركا في التحقيق في وقائع الملف فإن ما يحدث "**سرقة محض وسهلة**"، فهي أموال مجهولة المصدر منهوبة من الدولة، في مصارف أجنبية. وحسب مجموعة دولية، خسرت الهند ما يقرب من ١٢٥ مليار دولار بسبب تدفق رأس المال غير الشرعي إلى الخارج بين عامي ٢٠٠٠ و٢٠٠٨، حيث استمرت النخبة السياسية الفاسدة ورجال الأعمال الفاسدون في اختلاس أموال كانت مخصصة لمساعدة الفقراء في البلاد.

ولشيوع الظاهرة وانتشارها في عالم الجنوب أصبح هناك قوائم ترتب الدول تصاعدياً وتنازلياً بحسب درجة

تفشي الظاهرة فيها، وحسب إحداها تحتل الهند المركز الرابع في آسيا في هذا الشأن، حيث بلغ إجمالي الأموال المهربة عام ٢٠٠٨ نصف تريليون دولار، بحسب تقرير حديث صدر عن منظمة "**النزاهة المالية العالمية**" البحثية بواشنطن. وتحتل الصين المركز الأول، حيث بلغت الأموال غير المشروعة ٢.٢ تريليون دولار، تليها ماليزيا بـــ ٢٩١ مليارا، ثم الفلبين بـــ ١٠٩ مليارات دولار خلال الفترة نفسها.

ورغم استمرار نمو الاقتصاد الهندي بمتوسط يفوق ٨ % بين ٢٠٠٤ و٢٠٠٩، استمر الفقر في البلاد كما هو في أكثر الدول النامية الأخرى. وبسبب حجم الظاهرة وديمومتها دخل القاموس السياسي الهندي مصطلح جديد لوصفها هو "**الأموال السوداء**". ويواجه حزب المؤتمر الهندي مشكلة كبيرة كونه وعد في الانتخابات بأن حكومته

سوف تستعيد هذه الأموال خلال مائة يوم من العودة إلى السلطة، ما جعلها الآن تُتَّهَم بأنها تخفي عمداً أسماء هؤلاء الأشخاص.

وتحدث هذه الأزمة السياسية بينما الهند موقعة بالفعل على اتفاقيات ومعاهدات مع أكثر من ٨٠ دولة، تشمل دولاً تفرض ضرائب منخفضة أو لا تفرض ضرائب إطلاقاً، تقضي بتقاسم المعلومات الخاصة بالمتهربين من الضرائب، كما أنشأت وحدات ضرائب على الدخل في أكثر من ١٠ دول.

وبسبب هذه الحقائق تحول الموضوع إلى أزمة سياسية في الهند، لكنه من ناحية أخرى سيخلق أزمة ثقافية لمواطني الجنوب الذين يتعزز لديهم الميل بشكل واضح لتغليب "الغرائبي" على ما كان حتى وقت قريب يوصف بــ "العقلاني"، ومع استمرار مسلسل الكشف عن حقائق

سياسية صادمة – وهو مرشح بقوة للاستمرار والتصاعد – سيصبح المزاج السياسي الغالب أكثر ميلاً لرؤية العالم عبر التفسير التآمري.

باختصار، الغرائبية السياسية كسبت الجولة..وبالضربة القاضية!

٥

ليست ثورة تونس أقل استحقاقاً للتقدير والاحترام لكن الثورة المصرية، دون اعتداد أجوف، منعطف في تاريخ العالم وستكون لها نتائجها الكبيرة لقعود قادمة، فالفارق كبير في الموقع والحجم والتأثير، وكلاهما مؤشر على أننا تغير، وفي الوقت نفسه مؤشر على أن الغرب تغيــَّر أيضاً.

ولنأخذ مثالاً على ذلك الطريقة التي تصرفت بها فرنسا مع سقوط نظام بن علي، مقارنة بالطريقة التي تصرفت بها عند ترنح نظام حليفها القوي الرئيس الرواندي جوفنال هابيريمانا مطلع تسعينات القرن الماضي.

فعندما وجد هابيريمانا نفسه في مواجهة ضغوط دولية لا طاقة لنظامه بها كان قرار فرنسا الذهاب معه بعيداً جداً عبر إشعال حرب أهلية عام ١٩٩٤ ــ تورط فيها نظام

50

حسني مبارك – لإجهاض التحول الديموقراطي سقط فيها مليون قتيل من المدنيين خلال مئة يوم!

وبعد أن كانت الديبلوماسية الأوروبية تنتقد وزيرة الخارجية الأمريكية السابقة كوندوليزا رايس بسبب ما اعتبروه "**إقحاماً**" للاعتبارات الأخلاقية في السياسة، أصبحت أوروبا أكثر قرباً من هذا الموقف الذي يستند – ضمن عوامل تقييم أخرى – إلى تقييم أخلاقي لسلوكيات الحلفاء القابضين على السلطة في بلاد الجنوب بيد من حديد، ولولا هذا التحول لما كان هناك إمكانية لتبلور موقف دولي واضح حول الصراع على السلطة في ساحل العاج بين "**الـمتشبث**" لوران جباجبو و"**الـمنتخب**" الحسن واتارا.

وفيما يخص العالم العربي فقد عبر رئيس الوزراء الفرنسي السابق دومينيك دو فيليبان عن تحول كبير بقوله:

"**الكل بات يعرف اليوم إنه لا يوجد استثناء يجعل العالم العربي غير قابل للتطابق**". وكان هذا لعقود متتالية أحد أسوأ "**التفاهمات**" الضمنية في العلاقات، فكان هناك إلحاج في الشمال على مقولة: "**أولوية الاستقرار على الديموقراطية**"، وتسويق رسمي تتبناه النظم الاستبدادية في الجنوب لخرافة "**التطور الديموقراطي مع مراعاة الخصوصية الحضارية**"، وكلا الطرفين يعرف أن تلك مجرد شفرة، وأن الاتفاق هو على حرمان الشعوب العربية من الديمقراطية.

وفي مواجهة الثورة التونسية لم يستطع الإليزيه أن يتحمل نتائج تصريحات لميشيل أليو ماري أقل بكثير من قرار الإليزيه في النصف الأول من التسعينات. وفي الحقيقة فإن الغرب تغير على وقع تحولات عديدة ساهمت – متساندة – في بلورة موقف أكثر وضوحاً. وكان وصول نيكولا

ساركوزي لمنصب الرئيس في فرنسا وأنجيلا ميركل لمنصب المستشار في ألمانيا منعطفاً تاريخياً أصبحت بعده أوروبا – سيراً خلف القاطرة الفرنسية الألمانية – أقل أوروبية، وبالتالي أكثر اكتراثاً بالمعايير الأخلاقية.

ومن التغيرات المهمة أيضاً في الخطوط العريضة الحاكمة للموقف الغربي – الأوروبي والأمريكي – معا نهاية حقبة التسامح مع تورط بعض الأنظمة الحليفة في الإرهاب، وقد كشف مسئول جزائري سابق مؤخراً أن جهازاً أمنيا جزائرياً هو من ارتكب جريمة التفجير الشهيرة في مترو باريس لإلصاقها بالإسلاميين فتلقوا تحذيراً "**سرياً**" من الإليزيه بأن ما حدث لا يجوز أن يتكرر، وهي ليست القصة الوحيدة في هذا الملف الخطير.

وفي تقديري فإن الخطأ الأكبر في حسابات النظام المصري أنه لم يتعظ بتجربة الرئيس الباكستاني برفيز مشرف،

فالرجل خدم المصالح الغربية بإخلاص وكان يعتبر أن الترسانة النووية الباكستانية تمنحه حصانة استثنائية، فضلاً عن أهمية التحالف معه لنجاح العمل العسكري في أفغانستان. لكن ما أطلق الرصاصة الأخيرة على الدعم الغربي لنظامه كان اكتشاف الأمريكيين والبريطانيين أدلة قاطعة على تورط جناح متشدد في المخابرات الباكستانية في الإرهاب ما جعل الغرب يتخذ قرارا نهائياً بالتخلص من الرئيس برفيز مشرف دون الاكتراث لأنيابه النووية.

ومن الحقائق المهمة التي تؤكد هذا التغير ما كشف عنه المحامي المسيحي المصري ممدوح رمزي — وهو كان مرشحاً محتملاً للرئاسة في أول انتخابات رئاسية مصرية — من أن صحيفتي: "**جارديان**" و"**أوبزرفر**" البريطانيتين نشرتا وقائع موثقة تتهم وزير الداخلية المصري الذي تم توقيفه مؤخراً بتدبير حادث انفجار استهدف كنيسة القديسين

بالإسكندرية. حيث أشارت تقارير للمخابرات البريطانية إلى أن دبلوماسياً بريطانياً كشف أمام قصر الإليزيه الفرنسي، عن سبب إصرار بريطانيا على المطالبة برحيل الرئيس المصري السابق ونظامه، كان في مقدمتها أن المخابرات البريطانية تأكدت، من خلال وثائق رسمية مصرية صوتية وورقية، أن وزارة الداخلية المصرية عملت على تشكيل تنظيم يضم مجموعة ٢٢ ضابطاً، وبعض أفراد الجماعات الإسلامية المتطرفة، وبعض المسجونين لفترات طويلة تم تجنيدهم للقيام بمهام معينة، ومن خلال هذه المجموعة يتم تغذية نيران الفتنة الطائفية بهدف تحقيق مكاسب سياسية للنظام.

فمتى يدرك مثقفونا أن الغرب تغيـــّر كما تغيرنا؟

٦

قبل أيام من كتابة هذه السطور دعيت إلى لقاء
بإحدى الفضائيات المصرية على خلفية أحداث قرية صول
التابعة لمدينة أطفيح المصرية (جنوب القاهرة) كان الضيف
الثاني القمص عبد المسيح بسيط أبو الخير وكان ممثلاً
شخصياً للبابا شنودة الثالث بطريرك الكنيسة الأرثوذكسية،
وكان الخطاب السياسي الذي سمعته جديدا في شكله
ومضمونه، بل لعله كان أقرب إلى شهادة وفاة لظاهرة
القبطية السياسية. فبعد أن كان كل حادث طائفي يتحول

56

إلى مناسبة لما أطلق عليه بعض الدعاة السلفيين الذين ساهموا في مواجهة الأزمة في بيان لهم بــ "**الابتزاز السياسـي**"، أصبح الحديث واضحاً في أنه منصب على "**الواقعة**" المتعينـة وليس نقاشاً عاماً في "**الــملف القبطي**". وما كان شديد الوضوح في خطاب القمص اعتذاره لثوار ٢٥ ينــاير عــن موقف الكنيسة من الثورة وتأكيده نهاية عصـر المطالبــات الطائفية، حيث المساواة — وبخاصة في قـانون دور العبـادة الموحد — والمواطنة والدولة المدنية ضمانات كافية لحصـول الأقباط على حقوقهم.

والتغير الذي يعكسه خطاب ممثل البابا جزء من حالة عامة في مصر يعاد فيها إنتاج الكثير من الظواهر السياسـية وفقا لما بعد الثورة. ومن أبرز شواهد الــتغير أن الكنــائس المصرية أكدت احترامها للمادة الثانية من الدستور المصـري الخاصة بــ "**الشريعة الإسلامية**"، وأكدت تأييد الدولــة

المدنية الديمقراطية، وجاء موقفها حفاظا على مشاعر المسلمين، ووحدة الوطن، مشيرة إلي أنه: "**ربما في المستقبل تضاف مادة أخرى تحترم كافة الأديان دون تفرقة**".

ولندرك حجم التغيير ووجهته نعود إلى واحدة من القضايا التي ظلت لأكثر من قرن هاجس الكنيسة الدولة معاً، وهي العلاقة بين الكنيسة والوطن. ومن القصص الشهيرة التي تروى لتأكيد "**وطنية**" الباباوات الأقباط أن القيصرية الروسية عرضت على بطريرك الأقباط في عهد محمد علي وضع الأقباط تحت حمايتها فرفض البطريك وشكره محمد علي!

بهذا التبسيط الساذج كانت القضية تعالج، لكن التحديق بـ "**نظرة النملة**" قد تكشف عن شيء مختلف. فمثلاً، في عهد الخديوي سعيد حدث صدام بين الدولة والكنيسة الأرثوذكسية انتهى، حسب مؤرخين مسيحيين،

باغتيال البطريك كيرلس الرابع بالسم في مؤامرة يرجحون أن الدولة دبرتها. وحسب الكتاب التذكاري "**ذكرى مصلح عظيم**" (**صادر ١٩١١ في الذكرى الخمسين لوفاة البابا كيرلس الرابع – مطبعة التوفيق القبطية**)، وكذلك "**الكافي**" لميخائيل شاروبيم، فإن كيرلس دخل الدير معتزلاً لفترة طويلة بعد صدام مع الخديوي وترددت عليه رسل قيصر روسيا تفاوضه على وحدة الكنيستين القبطية والروسية. يقول شاروبيم إنها "**كانت من أعظم رغائب كيرلس**". وحسب "**تاريخ الأمة القبطية**" فإن كيرلس: "**عمل جهده في ذلك غير أن مساعيه نبهت الحكومة فاضطر لالتماس حماية من قنصل بريطانيا العام**"!

المثير أن "**ذكرى مصطلح عظيم**" يعكس موقفاً متناقضاً من الخديوي سعيد، فبينما يقر بأن عهده كان بداية السماح بالتوسع في بناء الكنائس بعد طول تضييق، وأن هذا

الموقف الرسمي اتخذ وسط معارضة شـــديدة، فإنـــه يتـــهم الخديوي سعيد بالتعامل القاسي مع الأقباط!

وفي معظم المجتمعات التي توجد فيها أقلية دينيـــة أو عرقية، عندما تغيب الديموقراطية تشيع اتهامات متبادلة بينها وبين الأغلبية حول ما تتمتع به كل منهما من إمكانات وما تناله من حقوق، وغالباً يكون مصدر الشكوى الخـــلاف في معايير التقييم. ففي أية تركيبة سياسية طبيعية تكون حـــدود مطالب الأقلية محددة بالمساواة أمـــام القـــانون والمشـــاركة السياسية، أما أن تتجاوز ذلك لتحاول فرض أمـــر واقـــع يتعارض مع المساواة أو مع سيادة الدولة أو أن تسعى لإرغام الأغلبية على تغيير هويتها حتى ترضى الأقلية فإن الأغلبيـــة تتحول فعليا إلى أقلية مضطهدة.

وقد نقلت الباحثة القبطية مارلين تادرس في كتابهـــا **"الأقباط بين الأصولية والتحديث"** تفســـيراً مفـــاده أن

"الاضطهاد ينبع من عدم وجود عدالة توزيـــع، لكـــن تلك الخاصية تلعب فيها الأحاسيس والمقارنات النسبية دوراً كبيراً، فهي ليست حسابات رقمية وإنما قضيــة نسبية". والأقباط ذوو توقعات وطموحات مرتفعة وكـــذلك ذوو إنجازات فعلية مرتفعة، فهم من حيث الـــدخل والتعلـــيم والمستوى المهني أفضل من المتوسط العام وهم مع ذلك قلقون، وهو ما يسمى "**عدم اتساع الـــمكانة**". فثمــــة مؤشـــرات عديدة للمكانة منها الدخل والتعليم والمهنة والسـلطة، وهـــي مؤشرات تكون في الحالات السوية متسقة مع بعضها فترتفع معاً وتنخفض معاً ولكن حين تنخفض بعضها دون البعض الآخـــر فإن ذلك يولد إحباطات وشعوراً بالاضطهاد. فإذا كان الأقباط يتمتعون بمؤشرات كالدخل والتعليم أعلى من المتوسط، فينبغـــي أن يتمتعوا بسلطة سياسية أعلى من المتوسط!.

وقبل سبتمبر ١٩٨١ كان كثير مما يدور بين الدولة والكنيسة حكراً على قلة قليلة من القريبين من الدوائر الرسمية

61

ومن يتصل عملهم بالأمر، وكان الناس يتناقلون شائعات واسعة الانتشار عن الكنائس المشيدة كالحصون العسكرية، وعما يمكن أن يحدث داخلها وعن أسلحة مخزنة فيها بكميات ضخمة و. . .وكانت هذه الشائعات تجسد جدار خوف بني بين الجماعة القبطية والمجتمع.

ودائما كانت "**الدولة القبطية**" تشكل الموضوع الأهم على الإطلاق في الملف القبطي، رغم ضآلة المعلن عنها ورغم النفي المتكرر على لسان البابا شنودة، وحسب "**ذكرى مصطلح عظيم**"، فإن ديبلوماسياً بريطانياً أخبر سعيد باشا بأن لدى الأحباش نبوءة بأنهم سيرحلون لمصر ويؤسسون دولة قبطية في جنوبها. وحسب تصريحات البابا شنودة فإن الدولة القبطية كانت على فكرة عرضت على أحد بطاركة الكنيسة القبطية في زيارة له لإثيوبيا.

ومن الحقائق التي كشفت عنها وقائع دعوى باشرها مؤسسو **"جمـاعة الأمة القبطية"** ضد قرار وزير الداخلية بحل الجماعة في الخمسينات أن الدكتور إدوارد غالي الدهبي العضو المختص بمباشرة قضايا الحكومة تقدم بمذكرتين بدفاع وزارة الداخلية بين فيهما الأغراض الخفية لتلك الجمعية وأنها جمعية سياسية تهدف إلى إقامة **"دولة قبطية"** باستعمال القوة المسلحة وانتهى الأمر بتأييد قرار الحل. (**التطور الفكري لـدى جماعات العنف الدينية في مصر (الإسلامية والمسيحية) – دكتور كامل عبد الفتاح بحيري – بلنسية للنشر والتوزيع – مصر – ٢٠٠٨ – ص ٢٢٦**).

والفكرة، فضلاً عن كل ما سبق، ليست غائبة عـن وعي الطوائف المسيحية الأخرى، وليست عنصر وفاق بينها، بل إنها مرشحة لأن تطلق صراعا مسيحياً/مسيحياً ضـارياً، فمثلاً، القس أندريه زكي رئيس المجمع المقـدس للكنيسـة الإنجيلية المشيخية، لا يتعامل مع الموضوع كـ **"خرافة"** أو

63

اتهام أطلقته آلة الدعاية السياسية، وإلا لما كان هناك معنى لأن يحدد موقفه منه قائلاً إنه: "**ضد التيار الذي يريد دولة قبطية، وضد أن يحكمنا البابا شنودة**". (حوار – مصطفى سليمان وعبد الله الطحاوي – موقع إسلام أون لاين – ١٤ مارس ٢٠٠٧).

ورغم أن اللحظة القبطية الراهنة لا يمكن أن تكون نتاج عامل واحد مهما بلغت أهمية تأثيره، فإن شخص البابا شنودة احتفظ بأهمية استثنائية كفاعل رئيس في تحديد المسار، سيما أنه منذ مطلع السبعينات يقود الكنيسة. ومن معالم هذه الحقبة الطويلة المهمة واحد قلما يتم إبرازه هو حكم محكمة القضاء الإداري المصري بشأن قرار عزله. وجاء فيه: "**إن البابا شنودة خيَّب الآمال وتنكَّب الطريق المستقيم الذي تمليه عليه قوانين البلاد، واتخذ من الدين ستاراً يخفي أطماعاً** سياسية – **كل أقباط مصر منها براء** –

وأنه يجاهر بتلك الأطماع واضعاً بديلاً لها بحـــراً مـــن الدماء تغرق فيه البلاد من أقصاها إلى أقصاها، بـــاذلاً أقصى جهده في دفع عجلة الفتنة الطائفية بأقصى سرعة على غير هدي في كل أنحاء البلاد، غير عابئ بـــوطن يأويه أو دولة تحميه، وبذلك يكون قد خرج عن ردائه الذي خلعه عليه أقباط مصر".

وهذا الحكم ينسب للبابا دون لبس ما دأب علـــى نفيه عن نفسه، وله دلالة مهمة لا يمكـــن تجاهلـــها، فالمـــد الطائفي في مصر يمده رافد مسيحي كنسي ينبغي ألا نغفله. وفي هذا السياق كانت "**القبطية السياسية**" محاولـــة لنقـــل أزمة الكنيسة من "**الداخل**" إلى "**الـــــخارج**"، أمـــا مـــا تواجهه الكنيسة الأرثوذكسية فعلياً فهو أعراض تصدع قرر البابا مواجهته بـــ "**الـــهرب إلى الأمام**"، وتصوير الأزمـــة كما لو كانت أزمة اضطهاد أقلية دينية على يد الأغلبية، ما

يضمن له، أولا: التخلص من معارضيه داخل الكنيسة (الأب متى المسكين، الدكتور جورج بباوي، القس إبراهيم عبد السيد وآخرين)، فضلا عن تحقيق الحد درجات السيطرة على الأقباط كوقود لمعركة "**حرب استعادة**" تستلهم نموذج حرب الاستعادة التي شهدها الأندلس!

وفي مسعاه لبناء أسوار يواجه بها أزمة الكنيسة عمد البابا شنودة لتحويلها إلى "**دولة داخل الدولة**"، ومن شواهد ذلك مثلاً أنه عندما تولى البابوية في ١٩٧١ كان آنذاك يشار إليه بأنه صاحب المقالة الشهيرة "**جيب البطريرك**" التي طالب فيها بفحص الذمة المالية للبابا. ومع تبدل المواقع أصبح المطالب واحدا من أشهر معارضيه، فقد رفض البابا تحفظات جورج بباوي على مصروفات الكنيسة قائلاً: "**لا توجد كنيسة في العالم تعلن عن حجم**

إنفاقها".(**البابا يرفض تحفظات جورج بباوي على مصروفات الكنيسة – جريدة الشروق المصرية – ٢٧ أغسطس ٢٠١٠**).

وقد كشف الباحث عبد الله الطحاوي مؤخراً – بالوثائق – جانباً آخر من جوانب مشروع البابا شنودة، ففي إطار مسعاه للمصالحة بين الدولة والبابا بعد قرار السادات بعزله (١٩٨١) ذكر ميريت غالى، الوزير السابق، في ٤ نوفمبر ١٩٨٢ عندما اجتمعت بمتزله اللجنة، أن أول ما نوقش كان "**المخطط الإسرائيلي الهادف إلى تقسيم الشرق الأوسط إلى دويلات دينية بما في ذلك دولة قبطية في الصعيد**".

"**وتنقسم وثيقة المحضر إلى قسمين: حقيقة الموقف، والحل المقترح. فبالنسبة لحقيقة الموقف، أشارت الوثيقة إلى المخطط الإسرائيلي من أجل تقسيم الشرق الأوسط إلى دويلات دينية طائفية، بما في ذلك**

دولة للأقباط في الصعيد، وأن لدى مجلس الكنائس العالمي دليلاً على أن إسرائيل تمول جمعية الأقباط الأمريكان، ولدى الحكومة دليل على قيام إحدى الدول العربية بذلك تم التصريح بذلك من قبل الرئيس مبارك عندما كان نائباً إلى أمين فهيم في حضور البطريك الكاردينال في يونيو ١٩٨٠".

و"دوام اتصال قداسة البابا بهذه الجمعية وولاء الجمعية للبابا ولاء أعمى مع عدائها قِبل من لا يوفـده البابا شخصياً، كل ذلك عوامل من شأنها أن ترسخ في ذهن الحكومة أن البابا يعادي الوطن".

وأهمية هذه المعلومات أنها – ربما – أول إشارة "موثقة" إلى جدية فكرة "الدولة القبطية" رغم أنها كانت في صلب النقاشات على أعلى مستويات المسئولية في الدولة

المصرية كخطر حقيقي. وفي الوثيقة الخاصة بالاجتماع المشار إليه كانت أولى الملاحظات "أن البابا شنودة الثالث هو الذي قاد هذا الموقف"، "وظاهر الأمر، كان الصراع يدور بين الكنيسة المصرية والدولة". (وثائق البابا شنودة في سنوات المنفى (٣) – عبد الله الطحاوي – جريدة الشروق المصرية – ١٧ يونيو ٢٠١٠).

وقد كان من بين أهم من كتبوا عن المشروع السياسي للبابا شنودة الكاتب القبطي (النائب السابق) جمال أسعد عبد الملاك في كتابه "إني أعترف: كواليس الكنيسة والأحزاب والإخوان المسلمون" (دار الخيال – مصر – ٢٠٠١) وفيه تفاصيل خطيرة عن التحولات التي أحدثها البابا في الكنيسة، وهو كان يوصف بـ "مستشار البابا"، قبل أن يتحول إلى معارضته، كما كان صاحب السبق في إثارة السؤال عن التنازع بين الدولة والبابا على تمثيل

69

المسيحيين عندما أصدر كتابه: "**من يمثل الأقباط: الدولة أم البابا؟**".

ومع التطورات الساخنة التي شهدها الملف القبطي مؤخرا أعاد جمال أسعد عبد الملاك التذكير بما سبق أن حذر منه، معتبراً أن "**الكنيسة قد أصبحت دولة الأقباط**" وهي بمترلة "**دولة دينية داخل الدولة التي تدعي صباحاً ومساءً أنها دولة مدنية تحارب الدولة الدينية وتناهض الأحزاب الدينية وتحاصر الإخوان المسلمين**"، ويضيف جمال أسعد: "**ولقد نبهنا لهذا التناقض، ولقد حذرنا من تنامي دور الكنيسة والبابا شنودة تحديداً السياسي وإصراره علي أن يكون هو الممثل السياسي وليس الديني فقط للمسيحيين في مصر**". **(إعلان الكنيسة دولة للأقباط – مقال – جمال أسعد عبد الملاك – جريدة الدستور – ٧ مايو ٢٠١٠)**.

وعلى اختلاف المصطلحات والتعبيرات ثمة ما يشبه الإجماع على أن الكنيسة تحولت إلى **"فاعل سياسي"**، ويعبر الروائي المصري المعروف علاء الأسواني قائلاً: **"أعتقـد أن الكنيسة في الفترة الأخيرة قد تجاوزت دورها كسـلطة روحية لتتحول إلى ما يشبه الحزب السياسي"**. (جريـدة الدستور المصرية – ٢٠ أغسـطس ٢٠٠٨ ص ٢٤). أما جريـدة واشنطن تايمز الأمريكية فتصف هـذا التحـول قائلـة إن "الكنيسة الأرثوذكسية المصرية تعتبر الآن بمثابـة دولـة مستقلة بنفسها".

وتكشف الصحيفة عما يمكن اعتباره علامـة مـن علامات التصدع التي يعالجها البابا شنودة بفرض قبضتـه الحديدية على الأقباط، لا دفاعاً عن العقيدة المسـيحية بـل خوفاً من خروج الآلاف من أتباع الكنيسة من المسـيحية. وذكرت الصحيفة أن الكثير من النشطاء الأقباط يخشون أن

يدفع هذا الأمر المسيحيين إلى اعتناق الإسلام، حيث تسبب هذا في الكثير من الصراعات الطائفية بين المسلمين والمسيحيين مؤخراً. **(جريدة الدستور المصرية – ١٥ سبتمبر ٢٠١٠).**

هكذا إذن كانت الصورة قبل ٢٥ يناير مباشرة.

الصورة الجديدة للدور القبطي في المشهد السياسي المصري تعكسها، أولاً، رغبة المحامي القبطي المعروف ممدوح رمزي في الترشح للرئاسة – وهو من معارضي الدور السياسي للكنيسة – ومطالبة محامي قبطي آخر – منتصر مالك يعقوب – بإنشاء حزب قبطي "**رداً**" على إعلان الإخوان نيتهم تأسيس حزب **(الموقع الإليكتروني لجريدة الأهرام ٣ / ٣ / ٢٠١١).** هذا فضلاً عن رفض معلن من جانب الكنائس لفكرة الحزب المسيحي (الديني) ممثلاً في دعوة "**الحزب القبطي المؤسسي**".

وما زالت تتحرك بشكل جنيني فكرة تأسيس حزب مدني يكون للأقباط فيه وزن نسبي كبير بدلا من حزب مقصور عليه أو يمثلون الأغلبية العظمة من أعضائه ما قد يغذي الإحساس بـ "**الفرز الطائفي**"، فـ "**القبطية السياسية الجديدة**" — على الأرجح ستكون باتجاه تعزيز المساواة والمواطنة والمدنية، وبخاصة أن ما بعد ٢٥ يناير داخل الكنيسة وخارجها مختلف تماما، فالنظام الذي ارتكب أبشع الجرائم ليحقق هدف إقصاء الإسلاميين رحل إلى غير رجعة ولا مفر من أجندة سياسية لا تتبنى قاموس الإقصاء "**الـــمسيحي**" الذي يصنف المصريين إلى "**ضيوف**" و"**سكان أصليين**"!.

٧

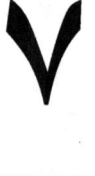

كما هو الحال في حركة كل كائن حي لا يكاد يوجد مسار يتجه دائما إلى الأمام، ومصر اليوم — على ما يبدو — عادت خطوة للخلف بعد ثورتها المجيدة!

صحيح أن خروج عشرات الملايين للإدلاء بأصواتهم في الاستفتاء على التعديلات الدستورية كان شهادة ميلاد جديدة للسياسة في مصر بعد عقود من الموت، لكن العرس لم يخل من منغصات. والقضية ليست في الانحياز إلى أي من الخيارين، فهذه طبيعة السياسة، لكن القضية في الحقيقة هي في الدلالات المحزنة لما حدث في الأيام القليلة الماضية السابقة على الاستفتاء.

فحتى قبل أيام من التصويت كان المصريون، مثقفين وعامة، يشعرون بحيرة شديدة ويتبادلون التساؤل عن الموقف الأكثر صوابية في استفتاء كان الذهاب إليه أصلاً خطأ تناسلت منه أخطاء أخرى، فالدستور الذي تم تعديله هو من

الناحية القانونية في حكم المعدوم منذ تنحي الرئيس السابق حسني مبارك، ولا مشروعية لإدخال تعديلات على ما هو معدوم!

وفي الطريق إلى الاستفتاء كشفت التجربة عن متغير خطير على ساحة السياسة المصرية ــ نتمنى أن يكون عارضاً ــ هو أن تجارة الخوف التي مارسها نظام مبارك البائد بدعوى الحفاظ على الاستقرار ما زالت الآلية المفضلة، لكن هذه المرة على أيدي الإسلاميين الذين قرروا استخدام سلاح التخويف على هوية مصر **"الإسلامية"** وأمنها بشكل فاق كل ما مارسه النظام السابق.

وقد ذهب الناس إلى صناديق الاقتراع مدفوعين بحجم هائل من الإلحاح والتضليل، حتى أن أحد الكتاب الإسلاميين الذين يتمتعون بشهرة كبيرة قال في مؤتمر جماهيري إن التصويت بــ **"لا"** معناه الحكم العسكري،

وعندما طلب أستاذ قانون الكلمة ليعقب على هذا الكذب المفضوح تم منعه، وحدث ولا حرج عن الاستخدام المغلوط للفتاوى الدينية إلى حد وصف معارضي التعديلات بأنهم يقولون لا لله!!!

ورغم أن مشايخ السلفيين كانت لهم خلال ثورة الخامس والعشرين من يناير مواقف مخزية تراوحت بين الإفتاء بإباحة دم الدكتور محمد البرادعي الرئيس السابق لهيئة الطاقة الذرية الذي قام خلال السنوات الماضية بدور تاريخي في التغيير الذي شهدته مصر، مرورا بالإفتاء بوجوب "**طاعة ولي الأمر**" — الذي هو الرئيس مبارك طبعا، وحرمة الخروج عليه، وفي آخر الشوط أفتى دهاقنتهم بأن قتلى الثورة ليسوا شهداء وأنها ليست سوى فتنة!

والمحزن أن هؤلاء بأشخاصهم هم من ظلوا لعقود يفتون بتحريم العمل بالسياسة بوصفها شكلاً من أشكال

77

الجاهلية، ثم إذا بهم يستديرون ليقطفوا ثمار الثورة بهجمة تترية تصنف الناس على أساس عقائدي وتوزع تهم المروق والفسوق الكفر على قاعدة أن المخالف "**في النار**". وقد روى لي صديق كيف قاموا بحملة "**طرق أبواب**" كبيرة لقولوا للناس إن كل مسلم يجب أن يصوت بـــ "**نعم**" وأن المسيحيين والعلمانيين هم من سيصوتون بـــ "**لا**"!

أما جماعة الإخوان المسلمون التي حرص كثير من الوسطيين – إسلاميين وعلمانيين – على التضامن معها طوال عهد مبارك ودافعوا بضراوة عن ضرورة قبولها ضمن المشهد الوطني العام ورفض تهميشها كان نصيبهم منها كلام صادم على الموقع الرسمي للجماعة قبل التصويت بساعات قليلة يتهم الداعين للتصويت بـــ "**لا**" بأنهم عملاء للولايات المتحدة الأمريكية!

ورغم أن ردود الفعل دفعت لإزالة المادة من على الموقع، ورغم اعتذار الجماعة عنه إلا أنه نموذج للمخاطر التي تحدق بالتغيير السياسي في مصر، فالتخويف والتخوين والتقسيم العقائدي لأصحاب المواقف السياسية يعني أن الخوف انتصر على الأمل، وأن التخندق انتصر على الانفتاح والإقصاء انتصر على التعددية وقبول الآخر، صحيح أن ما حدث أول اختبار لديموقراطية وليدة وأن التجربة – على الأرجح – لم تستقر ملامحها بعد، لكنه جرس إنذار.

وقد كان من الملابسات التي ضاعفت القلق ما صاحب الإفراج عن الجهادي عبود الزمر أحد أهم المتهمين في قضية قتل الرئيس السادات (أكتوبر ١٩٨١)، حيث أفرج عنه قبل الاستفتاء بقليل فأصبح موضوع اهتمام الإعلام المرئي والمقروء، وقد حملت كلماته نذر خطر كبير يكاد يطيح بثورة كان أهم ما ميزها سلميتها واتساع جبهة المشاركين فيها لتشمل كل ألوان الطيف السياسي المصري

دون استثناء، والآن تجد مصر نفسها في مواجهة خطاب يريد أصحابه قتل السياسة والتمثيل بجثتها، على قاعدة الصراع لا التدافع.

وقد كان من المفارقات المثيرة للدهشة أن تنشر "الـــجمعية الشرعية" وهي جمعية أهلية — لا يجوز لها بحكم القانون أن تمارس السياسة — إعلانا مدفوع الأجر في الصفحة الأولى بأكبر الصحف المصرية شبه الرسمية تدعو فيه للتصويت بـــ "نعم"، فضلاً عن عقدها مؤتمراً كبيراً الغرض نفسه، وهذه الإزاحة التي جعلت قوى ترفض التعددية تدخل حلبة السياسة مسلحة بالفتاوى وإثارة المخاوف هي لحظة من لحظات انتصار الخوف على الأمل!